RÉPONSE AUX OBSERVATIONS

PRÉSENTÉES

Par M. le Commandant DU PUY DE PODIO

SUR LE

MANUEL DE L'INSTRUCTEUR DE TIR

Paris. — Imprimerie de J. Dumaine, rue Christine, 2.

RÉPONSE AUX OBSERVATIONS

PRÉSENTÉES

Par M. le Commandant DU PUY DE PODIO

SUR LE

MANUEL DE L'INSTRUCTEUR DE TIR

PAR

M. J. CAPDEVIELLE
Lieutenant-Colonel.

Extrait du **Journal des Sciences militaires.**
(Mai 1874.)

PARIS
IMPRIMERIE ET LIBRAIRIE MILITAIRES
J. DUMAINE
RUE ET PASSAGE DAUPHINE, 30

1874

RÉPONSE AUX OBSERVATIONS

PRÉSENTÉES PAR M. LE COMMANDANT DU PUY DE PODIO

SUR LE

MANUEL DE L'INSTRUCTEUR DE TIR

Le *Journal des Sciences militaires* a publié, dans sa livraison de février 1874, un article de M. le commandant du Puy de Podio ayant pour titre : *Observations sur l'application* THÉORIQUE *et pratique du Manuel de l'Instructeur de tir.*

M. du Puy de Podio trouve que le *Manuel* « laisse en saillie, tant « au point de vue théorique qu'à celui de la pratique, certaines « contradictions ou désaccords que, dans l'intérêt de l'instruction « générale, il croit devoir signaler ».

D'ailleurs, le but de M. du Puy de Podio est « d'indiquer des « moyens nouveaux pour mieux guider dans la pratique du tir, en « les harmonisant avec la théorie, et de faciliter la moisson des « résultats par une méthode plus simple et plus rapide, fondée « essentiellement sur l'exactitude et la sincérité, en éliminant tout « superflu. »

A notre avis, M. du Puy de Podio a mal interprété divers passages du *Manuel* et a présenté sous un jour défavorable certaines dispositions devenues réglementaires.

Nous croyons devoir rétablir la véritable signification des passages mal compris et la véritable portée des dispositions critiquées.

La commission qui a été chargée de la rédaction du *Manuel*, a naturellement eu l'intention de créer une méthode simple et d'une application aussi facile que possible. M. le commandant du Puy de Podio pense qu'elle n'a pas été heureuse dans le choix de ses moyens, et il en propose de nouveaux qui, à son avis, rempliraient mieux le but à atteindre.

Les critiques de M. du Puy de Podio sont-elles fondées? Les moyens qu'il propose sont-ils assez supérieurs pour motiver un changement de méthode?

Telles sont les questions que nous nous proposons d'examiner.

Nous suivrons, dans cette réponse, la division adoptée dans les critiques, en conservant à chaque paragraphe le titre que lui a donné M. du Puy de Podio.

§ 1er. — *Le pour cent par balles et le pour cent par points.*

M. du Puy de Podio commence par déclarer que :

« En principe, la détermination du pour cent par points est une « hérésie arithmétique. »

D'après cet officier, le pour cent « est l'expression du rapport d'une « quantité fractionnaire du nombre 100 à ce dernier nombre........ « Or, comme dans le calcul du pour cent par points, on peut « obtenir un numérateur dépassant de beaucoup le dénominateur, « il en résulte que la comparaison de ce numérateur, par rapport « au nombre 100, cesse, etc. »

Et d'abord quel est le principe ou la convention arithmétique qui a été méconnue? Où M. du Puy de Podio a-t-il trouvé que, dans un rapport, le premier terme ou numérateur devait être forcément plus petit que le second terme ou dénominateur? Le rapport $\frac{153}{100}$ sera accepté et aussi bien compris que le rapport $\frac{49}{100}$, par exemple.

L'arithmétique est donc hors de cause.

Reste à examiner l'usage qu'on fait de ces rapports dans l'appréciation des tirs d'instruction.

Tant qu'on s'est borné à constater qu'une balle atteignait ou manquait la cible, la valeur du tir avait pour expression le rapport du nombre de balles mises au nombre de balles tirées, rapport que, pour la facilité de la comparaison, on réduisait toujours à un même dénominateur 100.

Le numérateur de ce rapport réduit est ce qu'on appelle *le pour cent du tir*.

Ainsi, si l'on a mis 816 balles dans la cible sur 1700 coups tirés, la valeur du tir est exprimée par le rapport $\frac{816}{1700}$, ou, plus simplement, par le rapport égal $\frac{48}{100}$; c'est-à-dire que, proportions gardées, on aurait mis 48 balles dans la cible sur 100 coups tirés, car $\frac{816}{1700} = \frac{48}{100}$.

La comparaison du numérateur 48 au dénominateur constant 100 permet, il est vrai, de constater pour chaque tir en particulier de combien on est resté au-dessous du maximum que l'on puisse atteindre $\frac{100}{100}$; mais cette comparaison n'est pas le but unique ni même le but principal du calcul du pour cent.

On réduit les résultats du tir au même dénominateur 100, surtout pour pouvoir comparer entre eux les tirs, qu'on ramène, pour cela, à un tir de cent coups.

Ceci est tellement évident que le pour cent ne signifie absolument rien si l'on ne mentionne en même temps :

1° L'arme dont on a fait usage,

2° La distance à laquelle on a tiré,

3° Les dimensions et la forme de la cible sur laquelle on a recueilli les coups.

Ainsi, 24 pour cent, par exemple, dénote tour à tour :

1° Un mauvais tir exécuté à 200 mètres avec le fusil modèle 1866 sur l'ancienne cible réglementaire;

2° Un très-beau tir à 800 mètres avec la même arme et sur la cible en usage pour la distance;

3° Un tir excellent à la distance de 1000 mètres;

4° Un tir extraordinairement bon à 200 mètres si l'on a tiré avec un révolver, etc., etc.

L'appréciation du tir par le pour cent résulte donc, en réalité, de la comparaison de cette quantité avec une autre valeur de même espèce connue et prise pour terme de comparaison.

Supposons, par exemple, que le pour cent 48 ait été obtenu avec le fusil modèle 1866, à la distance de 400 mètres, sur une cible réglementaire. Cette quantité considérée isolément indique bien que l'on a mis dans la cible un peu moins de la moitié des balles tirées; mais, sans termes de comparaison, on sera incapable de juger si le résultat est bon, médiocre ou mauvais.

Le tableau de la page 148 du *Manuel* indique que les tirs exécutés à la distance de 400 mètres sur une cible réglementaire, avec le fusil modèle 1866, peuvent être réputés très-bons si le pour cent est supérieur à 45; mais qu'ils ne doivent être déclarés excellents que lorsque le pour cent est au moins égal à 61.

Le tir pris pour exemple serait donc très-bon; et cette appréciation résulte, non de la comparaison de 48 à 100, mais bien de la comparaison successive de 48 aux deux nombres 45 et 61 pris comme bases d'appréciation.

Par suite de l'augmentation de la justesse des armes de guerre, le pour cent des balles mises est devenu une mesure trop grossière.

A petite distance, le noir doit être considéré, non comme un point de mire, mais bien comme le but à atteindre; la valeur d'un coup ayant touché la cible est donc d'autant plus grande que la balle a frappé plus près du noir central. Cette valeur est comptée par *points*, c'est-à-dire par un nombre d'autant plus grand que l'écart est plus petit.

Le maximum convenu est 5, note que l'on donne à tout coup qui a atteint le noir. Il en résulte que le nombre de points obtenus dans un tir peut être 5 fois plus grand que le nombre de balles tirées.

La valeur d'un tir relevé par points est exprimée par le rapport des points obtenus aux balles tirées, rapport que, pour la facilité de la comparaison, on réduit également à un même dénominateur 100, c'est-à-dire au résultat qu'on aurait obtenu si on avait tiré 100 balles.

Ainsi, si l'on a fait 2527 points sur 1719 coups tirés, l'expression du tir sera $\frac{2527}{1719}$, ou plus simplement $\frac{147}{100}$, car $\frac{2527}{1719} = \frac{147}{100}$; ce qui signifie qu'en moyenne on a fait 147 points sur 100 coups tirés, le maximum étant 500.

La comparaison du nombre 147 à 100 (nombre de coups tirés) ou à 500 (maximum des points que l'on peut faire) n'éveille aucune idée précise dans l'esprit. Ici encore il faut, pour juger, des termes de comparaison, et c'est parce qu'ils faisaient complétement défaut que bien des officiers ont continué, comme M. de Podio, à apprécier les tirs par le pour cent des balles mises, seule mesure qui leur fût familière.

En demandant simplement que le pour cent des balles mises fût maintenu pendant quelque temps parallèlement au pour cent par points, M. de Podio se fût donc fait l'écho d'une réclamation ayant sa raison d'être.

Le rapprochement des deux expressions eût familiarisé, à la longue, tout le monde avec la méthode nouvelle, et, dès lors, le pour cent par balles mises eût pu être supprimé sans inconvénients. C'est ainsi qu'on a fait disparaître des nouveaux règlements sur les manœuvres la double valeur de toutes les longueurs que donnait le règlement de 1831, où on lisait 65 centimètres (deux pieds), 22 centimètres (8 pouces), etc.

Si la disposition réclamée n'a pas été adoptée par la commission, c'est qu'elle eût entraîné des complications hors de proportion avec l'avantage qu'on avait en vue, et que, d'ailleurs, elle pouvait amener de la confusion dans les appréciations.

M. de Podio a assez d'expérience pour reconnaître d'abord que le double enregistrement des balles mises et des points obtenus eût doublé et compliqué la comptabilité du tir; et comme cet officier se propose d'éliminer tout superflu, il aurait certainement rejeté cette complication, s'il n'eût vu dans le pour cent par balles et le pour cent par points deux choses bien différentes.

D'après M. de Podio, en effet, l'une de ces quantités (il ne dit pas laquelle) « donne la valeur matérielle d'un feu et l'autre son expres- « sion arithmétique ».

Il nous a été impossible de saisir cette distinction.

Pour nous, les deux expressions (tout aussi arithmétiques l'une que l'autre) donnent la valeur de la justesse d'un tir à des degrés d'approximation différents. Il s'agit d'examiner quelle est celle des deux qui se rapproche le plus de la valeur exacte, valeur qu'on ne peut obtenir qu'en recueillant tous les coups et en tenant compte de tous les écarts.

La méthode employée par les commissions d'expériences pour apprécier la justesse, est impraticable dans les corps, en raison du matériel, du personnel, du temps et des calculs qu'elle exige; il faut donc avoir recours, pour les tirs d'instruction, à des procédés plus simples et plus expéditifs.

Ces procédés seront d'autant meilleurs qu'ils se rapprocheront

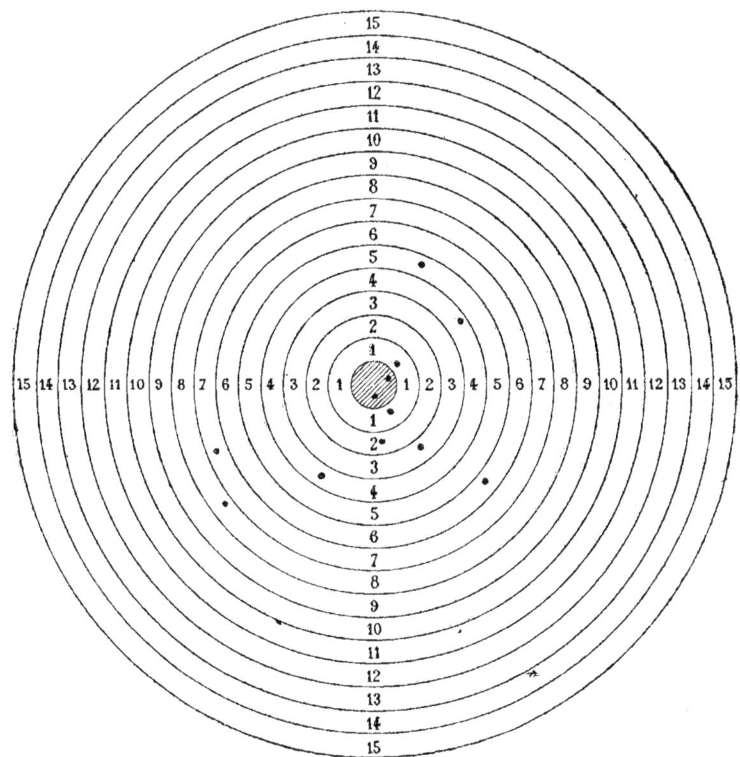

Figure 1.

davantage de la méthode donnant la valeur exacte de la justesse, méthode dont les deux principaux caractères sont :

1° L'emploi d'une très-grande cible,
2° La nécessité de tenir compte de tous les écarts.

Or, l'appréciation de la justesse par le pour cent des balles mises, comporte au contraire l'emploi de cibles restreintes, telles, par exemple, qu'un pour cent de 50 dénote un très-beau résultat. Si la cible est assez grande pour recueillir largement la totalité des coups, le pour cent n'a plus de signification. Ce procédé d'appréciation est donc aussi éloigné que possible de la méthode rigoureuse.

Le relevé par points permet d'employer des cibles aussi grandes qu'on pourra en établir. Dans une certaine mesure, il tient compte de tous les coups tirés, et l'expression qui en résulte est évidemment liée avec la somme ou la moyenne des écarts produits.

Supposons, en effet, que les cercles concentriques d'une cible soient numérotés à partir du noir coté 0, et que la largeur des zones soit de 5 centimètres, par exemple. Toute balle ayant touché le noir pourra être considérée comme ayant un écart 0.

Les coups ayant frappé la première zone entourant le noir, pourront être considérés comme ayant un écart représenté par 1 (numéro de la zone).

Les balles contenues entre les deux cercles suivants auraient un écart 2, et ainsi de suite.

Prenons 12 coups ayant atteint successivement :

Le 1er la zone	4
Le 2e	1
Le 3e	0
Le 4e	7
Le 5e	3
Le 6e	1
Le 7e	3
Le 8e	2
Le 9e	5
Le 10e	0
Le 11e	4
Le 12e	6
Total	36

La somme des écarts des 12 coups est 36, en prenant pour unité la distance entre deux cercles, c'est-à-dire 0m,05. Cette somme d'écarts exprimée en longueur métrique serait donc de 1m,80, et la moyenne par coup de 0m,15, moyenne qui dénoterait un très-bon tir, avec le fusil modèle 1866, à la distance de 200 mètres.

La seule différence entre cette manière de faire et la méthode rigoureuse, serait que dans la première on ne mesure les écarts qu'à 5 centimètres près, tandis que dans la deuxième on les prend à 1 centimètre près.

Si un ou plusieurs coups ont frappé en dehors de la dernière circonférence, on ne peut plus prendre l'écart à 5 centimètres près; on se borne alors à noter qu'il est plus grand que le rayon du dernier cercle. Ainsi, avec une cible à 15 cercles, par exemple, un coup en dehors aurait une valeur au moins égale à $15 + 1 = 16$. Comme ces coups sont tous réputés mauvais, on ne précise pas davantage la grandeur de l'écart.

Dans la pratique de l'instruction régimentaire, il faut limiter le nombre des cercles, pour faciliter la lecture et simplifier les signaux. Quatre zones en dehors du noir ont paru nécessaires et suffisantes.

D'un autre côté, il faut déterminer, d'après la justesse de l'arme, quel est l'écart qui constitue un coup réputé mauvais. L'écart moyen du fusil modèle 1866 est d'environ $0^m,25$ à 200 mètres; il ne sera plus que de $0^m,15$, environ, dans le même fusil transformé. Un cercle de $1^m,50$ de diamètre a donc une dimension égale à six fois l'écart attribuable au fusil actuel et à dix fois l'écart de l'arme qui le remplacera. Cette dimension a paru suffisante pour les cibles de 200 mètres.

D'après ces considérations, la cible d'instruction, disposée pour mesurer les écarts d'une manière facile et expéditive aux petites distances, aurait quatre zones concentriques au noir, numérotées 1, 2, 3 et 4, à partir du centre et ayant toutes $0^m,15$ de largeur. Les coups en dehors du dernier cercle seraient réputés avoir un écart $4 + 1 = 5$.

Un tir de 100 coups, relevé dans ces conditions, donnerait une somme d'écart égale à 0 si les 100 balles avaient toutes frappé le noir, et une somme de 500 si les 100 coups avaient tous porté en dehors de la cible.

Une somme intermédiaire, 273 par exemple, permet de trouver l'écart moyen; il suffit de multiplier 273 par $0^m,15$ pour avoir la somme des écarts en longueur métrique, et à diviser cette somme par 100 pour avoir l'écart moyen. Dans le cas pris pour exemple, la somme des écarts serait $273 \times 0^m,15 = 40^m,95$, et l'écart moyen $\frac{40,95}{100} = 0^m,41$.

Ainsi donc, en numérotant les cercles du centre à la circonférence, et en attribuant à l'écart de chaque coup une valeur numérique égale au numéro de la zone, on arriverait à une valeur qui serait proportionnelle à la somme des écarts produits, et qu'on pourrait réduire facilement en unités métriques.

L'usage a consacré une méthode inverse, c'est-à-dire qu'on numérote les zones de la circonférence au centre, en notant les coups par points au lieu de les apprécier par l'écart. Il en résulte que les plus beaux résultats possibles, qui seraient cotés 0 d'après la méthode précédente, seront cotés 500 d'après les procédés en usage; et que le plus mauvais tir possible, qui était coté 500 en notant les écarts, sera coté 0 si l'on compte par points.

L'expression intermédiaire 273 sera cotée 500 — 273 = 227.

On peut déduire approximativement du pour cent d'un tir relevé par points, l'écart moyen du tir à apprécier. Supposons, par exemple, que ce pour cent soit de 215. Le même tir relevé par la méthode des écarts serait exprimé par le nombre 500 — 215 = 285. En multipliant ce nombre par 0m,15, on a la somme des écarts de 100 coups, soit 42m,75, nombre qui, divisé par 100, donne l'écart moyen : soit 0m,43.

Ce nombre n'est qu'approximatif, parce que les écarts ne sont relevés qu'à 0m,15 près. Cette valeur est ordinairement trop faible, parce que les écarts attribués aux coups ayant frappé en dehors du dernier cercle, sont au-dessous de leur grandeur réelle.

De ces développements on peut conclure que le relevé par points dérive de la méthode rigoureuse employée pour apprécier la justesse, et que, par suite, l'expression qui résulte de ce relevé offre plus de garanties d'exactitude que le pour cent par balles mises.

Si donc les deux expressions donnent des indications différentes, comme dans l'exemple choisi par M. de Podio, il faut baser l'appréciation sur celle qui offre les plus grandes garanties, c'est-à-dire sur le pour cent par points.

En résumé :

1° M. du Puy de Podio dit que le pour cent par points est une hérésie arithmétique. Nous respectons cette opinion, sans la partager et même sans la comprendre.

2° Pour M. de Podio, le pour cent par points et le pour cent par balles ont chacun leur signification propre; l'un donne la valeur matérielle et l'autre l'expression arithmétique d'un feu. Cette distinction nous échappe; nous pensons que le pour cent des points donne une valeur plus approchée de la justesse d'un tir que le pour cent des balles mises, et, pour ces motifs, nous croyons que c'est sur la première de ces expressions qu'il faut baser les appréciations.

En conséquence :

Le double enregistrement demandé par M. de Podio nous paraît une complication inutile et pouvant même engendrer de la confusion dans les idées.

Le maintien pur et simple du *Manuel* nous paraît donc préférable aux améliorations proposées par M. du Puy de Podio.

Ces premières propositions nous paraissent avoir été amenées par l'embarras dans lequel s'est trouvé M. du Puy de Podio pour juger des tirs relevés par points; nous croyons donc que la publication du tableau suivant lèvera toutes les difficultés.

Qualification des pour cent obtenus dans des tirs individuels, relevés par points conformément aux prescriptions du Manuel de l'Instructeur de tir.

DISTANCES réglementaires	DISTANCES intermédiaires	DIMENSIONS DU BUT.	MAUVAIS TIR.	TIR MÉDIOCRE.	ASSEZ BON TIR.	BON TIR.	TRÈS-BON TIR.	TIR EXCELLENT.	TIR de PRÉCISION.
100	»	Cible ronde de $0^m,50$ de rayon, avec 5 cercles équidistants	Au-dessous de 100	de 101 à 150	de 151 à 200	de 201 à 250	de 251 à 300	de 301 à 350	Au-dessus de 350
150	»	Cible ronde de $0^m,75$ de rayon, avec 5 cercles équidistants	100	101 150	151 200	201 250	251 300	301 350	350
200	»	Id.	80	81 120	121 160	161 190	191 230	231 300	300
250	»	Id.	60	61 80	81 100	101 130	131 160	161 220	220
300	»	Id.	50	51 60	61 80	81 110	111 150	151 200	200
400	»	Cible carrée de 2 mètres sur 2 mètres, avec un noir carré de $0^m,50$ de côté. .	20	21 30	31 40	41 50	51 60	61 80	80
»	500	Id.	15	16 22	23 30	31 37	38 47	48 60	60
600	»	Id.	11	12 15	16 20	21 25	26 35	36 45	45
»	700	Id.	7	8 10	11 13	14 16	17 20	21 25	25
800	»	Cible rectangulaire de 2 mètres sur 4 mètres, avec un noir rectangulaire de $0^m,75$ sur $1^m,50$	10	11 13	14 18	19 23	24 30	31 40	40
»	900	Id.	8	9 11	12 15	16 18	19 25	26 30	30
1000	»	Id.	6	7 9	10 12	13 15	16 20	21 25	25
»	1100	Id.	4	5 6	7 8	9 12	13 16	17 20	20
1200	»	Id.	2	3 4	5 6	7 9	10 12	13 15	15

§ 2. — *De la vitesse du tir.*

L'opinion de M. de Podio sur la vitesse du tir n'est pas facile à dégager des considérations contradictoires qu'il développe dans le deuxième paragraphe.

En définitive, M. de Podio, qui paraît confondre *vitesse* et *précipitation*, voudrait qu'on ne tînt pas compte de cet élément dans le résultat des tirs régimentaires.

« Tenir à la vitesse, dit-il, c'est l'encourager et retomber dans « une tendance funeste qui pourrait, à la guerre, conduire à des « conséquences désastreuses. »

La recherche de la vitesse du tir a conduit toutes les puissances à adopter le chargement par l'arrière.

Cette vitesse, M. de Podio le reconnaît, peut avoir une très-grande importance dans certaines circonstances de la guerre; il faut donc se ménager la possibilité d'obtenir au moment voulu le maximum d'effet que l'arme comporte.

Par contre, la mise en jeu inopportune de cette vitesse, son usage prolongé surtout, peuvent avoir des conséquences désastreuses; tous les efforts doivent donc tendre à prévenir ou à arrêter les tirailleries engagées mal à propos et continuées sans but.

Quels sont les moyens à employer pour arriver à ces fins? Voilà où nous ne sommes plus d'accord avec M. de Podio.

Pour nous, l'instruction par les feux d'ensemble doit avoir pour but :

1° De régler la vitesse du tir de façon à obtenir le maximum d'effet avec le minimum de munitions ;

2° De faire naître ou de développer la confiance du soldat dans son arme, en faisant ressortir la puissance de tir dont elle est susceptible;

3° De mettre les hommes en garde contre leur tendance à trop tirer, en leur faisant comprendre les conséquences déplorables que peut causer la prodigalité dans l'emploi des munitions.

Disons en passant que si cette tendance a toujours paru plus grande chez le soldat français que chez les autres, c'est que jusqu'ici il a été moins dirigé et moins tenu par ses officiers, ses sous-officiers et ses caporaux.

Pour combattre cette tendance, il faut que l'exécution des feux d'ensemble dans les corps vise l'instruction des cadres tout autant que celle des hommes dans le rang. C'est en vue de ce but multiple que le *Manuel* prescrit de baser l'appréciation des feux d'ensemble sur la triple considération de la justesse, de la vitesse et de l'effet utile.

Le calcul de ces quantités restera évidemment sans but et sans profit pour l'instruction, si les officiers ne font pas ressortir de la comparaison de ces quantités un enseignement utile pour tous.

1° En comparant les résultats de plusieurs compagnies ou de plusieurs feux, on pourra démontrer pratiquement que l'effet produit est médiocre lorsque la vitesse est grande et la consommation des munitions considérable, et qu'au contraire les meilleurs résultats ont été obtenus par les pelotons qui, se pressant lentement, ont toujours pris le temps de bien ajuster.

2° Chaque commandant de compagnie, prenant pour exemple un feu bien réussi, fera connaître qu'en moyenne chaque homme a mis trois balles dans la cible en une minute, par exemple ; s'il ajoute que la portée de l'arme est de 1200 mètres, et qu'il faut 8 minutes à un fantassin et 2 minutes à un cavalier pour parcourir cette distance, il ne pourra que faire naître ou développer la confiance du soldat dans son arme.

3° La leçon ne serait pas complète si l'on ne faisait pas ressortir les graves inconvénients qui peuvent résulter d'un tir rapide et prolongé engagé mal à propos.

Les officiers feront donc remarquer aux hommes que, dans tel feu, par exemple, ils ont tiré en moyenne 7 coups à la minute, et qu'à cette vitesse ils brûleraient en 12 minutes les 80 cartouches dont ils sont porteurs ; ils n'auront pas de peine à faire ressortir de cette considération la nécessité de ménager les munitions sur le champ de bataille.

4° Le capitaine ne peut pas choisir de meilleure occasion pour faire comprendre que cette nécessité d'économie impose impérieusement le devoir de ne tirer qu'à propos ; que l'officier doit rester le seul juge de l'opportunité du feu ; que, par suite, les soldats ne doivent jamais tirer de leur propre initiative et qu'ils doivent obéir instantanément au commandement de *cessez le feu* ; que tous les gradés, enfin, doivent employer toute leur autorité et toute leur énergie à faire exécuter au plus tôt les commandements relatifs aux feux.

Les considérations de ce genre demandent qu'on tienne compte de la vitesse du tir dans les résultats des tirs régimentaires.

Nous croyons qu'en dirigeant l'instruction dans ce sens, on pourrait donner une certaine éloquence aux chiffres, et qu'on ne perdrait pas complètement le temps employé à calculer la vitesse et l'effet utile des feux exécutés dans les tirs régimentaires.

Dans un autre ordre d'idées, il est bon de remarquer que la comparaison des feux par l'effet utile est la manière la plus sûre de juger l'instruction des diverses fractions d'un corps, parce que l'effet utile se déduit de trois quantités très-faciles à constater sur le terrain, savoir :

1° Le nombre de tireurs dans le rang ;

2° Le nombre de balles mises dans la cible;

3° La durée du feu.

Ces trois quantités étant relevées, il est impossible de falsifier le résultat principal.

M. de Podio voudrait qu'on se bornât à juger des feux d'ensemble par le pour cent ; or, le calcul de cette quantité implique la nécessité de connaître exactement le nombre de cartouches brûlées par le peloton, et, en pareille matière, il est facile de commettre une erreur, soit involontairement, soit avec connaissance de cause.

Le *Manuel* n'exclut pas l'appréciation par le pour cent, mais il la relègue au second plan, ainsi que la vitesse du tir. Dans ces conditions, l'erreur que l'on peut commettre sur le nombre de cartouches brûlées n'a plus qu'une importance secondaire, parce qu'elle n'entache pas l'effet utile, base principale de l'appréciation. Cette erreur affecte, il est vrai, l'expression de la justesse et celle de la vitesse, mais elle modifie ces deux expressions en sens inverse ; c'est-à-dire qu'elle favorise l'une d'elles au détriment de l'autre, de telle sorte que le produit des deux valeurs reste toujours constant.

La simplification proposée par M. du Puy de Podio dans le deuxième paragraphe de ses observations critiques, aurait donc pour effet de sacrifier un excellent moyen d'appréciation, pour obtenir le mince bénéfice de supprimer un calcul fort simple, qu'un officier spécialement désigné aura à faire quatre ou cinq fois par an.

Si M. du Puy de Podio voit dans ces calculs une grande complication, c'est qu'il continue à employer de vieilles méthodes, moins simples que celles données par le *Manuel de tir*. C'est ce qui ressortira clairement, nous l'espérons, dans le paragraphe suivant.

§ 3. — *Des règles du calcul de la vitesse du tir et de l'effet utile.*

La commission chargée de la rédaction du *Manuel*, après avoir admis, en principe, que l'appréciation des feux d'ensemble devait être basée sur la justesse, la vitesse et l'effet utile du tir, a voulu donner, pour calculer ces quantités, des règles simples et faciles à appliquer par quiconque saurait faire les quatre opérations fondamentales de l'arithmétique.

Les règles données par le *Manuel* sont formulées en langage ordinaire ; les unités sont précisées avec soin ; les opérations à faire ne portent que sur des nombres entiers ; enfin le résultat du calcul est également un nombre entier.

Voici, d'ailleurs, la règle relative au calcul de la vitesse :

« *On multiplie d'abord le nombre de balles tirées par le nombre constant* 6000 ; *on multiplie, d'autre part, le nombre de tireurs par la durée du feu exprimée en secondes, et l'on divise le premier produit par le second. Si le chiffre des dixièmes du quotient est supérieur à* 5, *on force le chiffre des unités.* »

« *Recette* singulièrement compliquée, s'écrie M. de Podio, où il « faut aller chercher l'auxiliaire d'un coefficient fictif 6000, quand « on a sous la main, pour quiconque *y voit clair en calcul*, une for- « mule si simple donnant l'expression de la vitesse $V = \frac{c}{ht}$, dans « laquelle c représente le nombre de *balles mises*, h le nombre de « tireurs et t la durée du feu, cette durée exprimée en minutes ou « fractions de minutes, la seconde équivalente à 0',01667. »

M. de Podio a écrit *balles mises* au lieu de *coups tirés*; nous ne relevons cette première erreur que pour qu'elle ne nous soit pas imputée.

La formule reproduite par M. de Podio se trouve dans tous les cours de tir; elle est fort connue et fort simple certainement. Si le rédacteur du *Manuel* ne l'a pas adoptée, c'est qu'il savait par expérience que l'on peut commettre des erreurs en remplaçant les notations algébriques par leur valeur numérique.

M. de Podio, sans le chercher évidemment, a prouvé d'une manière irréfutable que les craintes du rédacteur n'étaient pas exagérées; car, malgré sa longue expérience, il a commis, dans un exemple choisi à son gré, toutes les fautes que l'on puisse imaginer dans un calcul aussi restreint.

« Avec cette formule, dit-il, veut-on savoir quelle sera l'expres- « sion de la vitesse d'un peloton de 65 tireurs ayant tiré 416 balles « en 1'15"? On aura $V = \frac{416}{65 \times 75} = 487.5$. Si le chiffre de *diffé-* « *rence* (sic) avait été supérieur à 5, on aurait traduit le résultat « par 488. »

D'abord, si M. de Podio eût appliqué la règle du *Manuel* au lieu de la formule qu'il lui préfère, il eût trouvé que la vitesse cherchée était de 512 et non de 487,5.

Avec un peu d'habitude du calcul, on voit immédiatement que les opérations indiquées dans l'expression

$$(1) \qquad \frac{416}{65 \times 75}$$

ne peuvent pas donner trois chiffres significatifs avant la virgule ; en opérant correctement on trouve, en effet, que

$$\frac{416}{65 \times 75} = 0,08533$$

et non 487,5.

Si M. de Podio avait opéré ainsi, il eût entrevu qu'il avait dû commettre une erreur. Il en eût cherché la provenance, et aurait reconnu que la formule $V = \frac{c}{ht}$ donne la vitesse de tir pour un homme, et que, par suite, la vitesse calculée pour 100 hommes devait être

$$V = \frac{c \times 100}{h.t}. \tag{2}$$

Il eût remarqué, en second lieu, que, dans cette expression, le temps est compté en prenant la minute pour unité, tandis que la durée du feu, prise pour exemple était exprimée en secondes; il eût vu que, par suite, t devait être remplacé dans la formule par la valeur numérique $\frac{75}{60}$, et que l'expression de la vitesse devenait alors

$$V = \frac{416 \times 100}{65 \times \frac{75}{60}} \tag{3}$$

ou, en simplifiant,

$$V = \frac{416 \times 100 \times 60}{65 \times 75} = \frac{416 \times 6000}{65 \times 75} = 512. \tag{4}$$

En remarquant que les facteurs 60 et 100, et, par suite, leur produit 6000, doivent se retrouver dans tous les cas, et en traduisant la dernière expression en langage ordinaire, M. de Podio serait retombé sur la règle générale du *Manuel;* il eût alors traité avec moins d'ironie le coefficient 6000, qui n'a rien de fictif. M. de Podio a entrevu un autre moyen de calculer la vitesse : il consiste à employer le coefficient 0,01667 au lieu du coefficient 6000; mais il n'est pas allé jusqu'au bout.

On peut, en effet, écrire l'expression (3) de la manière suivante :

$$V = \frac{416 \times 100}{65 \times 75 \times \frac{1}{60}}, \tag{5}$$

et en réduisant en décimales la fraction $\frac{1}{60}$, on a :

$$V = \frac{416 \times 100}{65 \times 75 \times 0,01667} = 512. \tag{6}$$

Qu'on effectue séparément les opérations indiquées dans les expressions (4) et (6), et l'on reconnaîtra qu'il vaut mieux employer le coefficient 6000 au numérateur, que le coefficient 0,01667 au dénominateur.

En dernier lieu, M. de Podio demande la suppression des calculs du pour cent moyen de la vitesse moyenne et de l'effet utile moyen. Ces quantités ne sont pas, en effet, d'une utilité incontestable; elles n'ont d'autre but que de réduire les résultats obtenus par les diverses fractions d'un régiment, à un très-petit nombre d'expressions devant figurer dans le rapport de tir que chaque corps adresse annuellement au Ministre de la guerre.

L'examen de ces documents nombreux constitue un gros travail; il paraît donc avantageux que tous les résultats de même espèce obtenus dans chaque corps soient condensés, pour ainsi dire, dans une moyenne générale.

Les calculs de ces moyennes se font une fois par an, et ils sont confiés à un spécialiste, le capitaine chargé du tir.

Leur suppression ne soulagerait donc qu'une personnalité par régiment, et elle compliquerait au ministère l'examen des rapports.

Quant à l'instruction proprement dite, elle n'a rien à perdre ni rien à gagner à la suppression demandée.

En résumé, M. du Puy de Podio ne nous paraît pas devoir faire autorité comme calculateur, et, contrairement à son opinion, nous continuons à penser que les règles données par le *Manuel* sont claires, simples et d'une application sûre et rapide; que les formules algébriques préférées par M. de Podio peuvent être mal appliquées, malgré leur grande simplicité, et qu'enfin les moyennes générales n'intéressant que le capitaine de tir et le ministère de la guerre, il est au moins inutile de discuter leur valeur à propos d'instruction régimentaire.

§ 4. — *De la forme et des dimensions des cibles, d'après les distances des tirs.*

Les cibles doivent-elles être rondes, carrées ou rectangulaires? Le noir et les lignes qui l'entourent doivent-ils être circulaires, elliptiques ou prendre la forme d'un rectangle semblable à la cible? Quelles sont les dimensions à donner à ces divers éléments?

Ces questions peuvent fournir aux discoureurs un éternel sujet de discussion, car il n'existe pas, à proprement parler, de principes fixes d'où l'on puisse déduire une solution indiscutable.

Quelques personnes, et M. de Podio paraît être du nombre, veulent voir à tout prix dans une cible la représentation de l'ennemi. Pour ceux-là, la forme ronde représenterait un homme que l'on supposerait « posé sur un seul pied, les bras étendus, *position fort* « *peu naturelle, comme on le voit.* »

Pour représenter les conditions du tir de guerre dans les tirs d'instruction à petites distances, il faudrait tirer sur des cibles très-restreintes ou sur des cibles mobiles, car, en deçà de 300 mètres, on n'aura guère occasion de tirer aujourd'hui que sur des fantassins embusqués dont on voit à peine la tête, sur des cavaliers lancés à toute vitesse, ou encore sur des hommes qui se montrent un instant pour disparaître aussitôt, qui quittent une position pour courir en prendre une autre, etc.

Admettons avec M. de Podio et M. Spilmulher que « la forme rectangulaire soit incontestablement la meilleure représentation de « la forme humaine », nous aurons toujours de la peine à comprendre qu'une cible rectangulaire de 2 mètres de hauteur sur 1^{m},50 de largeur, plantée d'une manière invariable à 150 mètres des tireurs, puisse rappeler les conditions d'un tir de guerre.

La cible employée dans les tirs d'instruction à petites distances ne représente rien ou représente tout ce que l'on voudra : un fantassin, un cavalier, un lion, un chamois, un lièvre, suivant l'imagination ou les goûts particuliers du tireur. En réalité, c'est une surface assez considérable pour recueillir la totalité des coups bien tirés et un certain nombre de coups médiocrement ajustés. Le noir simulera, si l'on veut, la tête d'un homme embusqué : c'est le véritable but à atteindre.

Le reste de la cible permet d'abord de constater le sens et la grandeur des déviations, ce qui constitue une indication précieuse pour le tireur.

Les cercles qui entourent le noir permettent, en second lieu, de classer, pour ainsi dire, les écarts par ordre de grandeur. Lorsqu'ils ne dépassent pas 75 centimètres, les coups sont réputés bons et leur valeur est notée en points, c'est-à-dire en nombres inversement proportionnels à la grandeur de la déviation; si l'écart est supérieur à 75 centimètres, le coup, réputé mauvais, est noté 0, mais il est signalé, si la chose est possible, pour que l'homme en tire profit aux coups suivants.

Voilà, en résumé, la raison d'être de la cible circulaire de 75 centimètres de rayon.

Les cercles concentriques qui mesurent les écarts et déterminent la valeur des coups, peuvent être tracés sur une cible de dimensions supérieures au diamètre du cercle extérieur. Plus cette cible sera grande, plus l'enseignement sera profitable, parce qu'on pourra, non pas compter, mais signaler un plus grand nombre de coups.

C'est donc dans un autre ordre d'idées qu'il faut chercher les limites des dimensions maxima à donner aux panneaux de tir.

Les cibles employées à l'instruction doivent être très-solides, c'est-à-dire en état de résister aux chocs réitérés des balles. D'un autre côté, leur poids est limité par la nécessité des transports et de la mise en place.

Enfin, le matériel doit être peu coûteux, d'un entretien facile et économique.

Une cible de 2 mètres sur 1 mètre, composée d'un cadre en fer recouvert de grosse toile et de papier, répond assez bien à ces diverses conditions. Elle est consacrée par l'usage et a été maintenue en service.

En juxtaposant plusieurs cibles de ce genre, on peut obtenir des surfaces aussi étendues qu'on voudra dans le sens de la largeur, mais forcément limitées à 2 mètres dans le sens de la hauteur.

La commission a fixé à 4 mètres la largeur maxima des cibles d'instruction pour deux raisons :

Le règlement en hauteur constituant la principale difficulté du tir à grandes distances, il a, d'abord, paru inutile d'augmenter la cible outre mesure dans le sens opposé aux déviations les plus probables.

En second lieu, l'emploi de cibles trop larges dans un polygone où plusieurs groupes peuvent tirer simultanément, limite forcément le nombre de buts à placer, si l'on veut laisser un intervalle raisonnable entre les cibles de deux compagnies, espace dont le minimum devrait être deux fois la largeur du panneau. Si les cibles sont trop rapprochées, les vides qui les séparent deviennent de véritables créneaux qu'il serait plus difficile d'atteindre que la cible elle-même; les balles tirées par une compagnie viennent frapper les cibles des voisins qui prennent les coups à leur compte, à charge de revanche. Par ces moyens, les résultats seraient forcément superbes si la difficulté du tir en hauteur ne venait pas limiter les bénéfices de cet échange de projectiles.

Le maximum de largeur de la cible peut donc être fixé à 4 mètres et la hauteur à 2 mètres.

La commission n'a pas pensé qu'il fût nécessaire de faire varier comme par le passé la largeur des cibles proportionnellement à la distance. Cette méthode, M. de Podio doit le savoir mieux que personne, créait des complications interminables lorsqu'on faisait tirer les retardataires.

Dans un but de simplification, les tirs individuels ont été divisés en trois périodes, à chacune desquelles correspond l'usage d'une cible particulière. Celle qui est employée aux petites distances a été déterminée surtout en vue du tir de 200 mètres. De même la plus grande cible convient plus spécialement à la distance de 1000 mètres.

Cible de 200 mètres. — La cible de 200 mètres se compose ordinairement d'un panneau carré de 2 mètres sur 2 mètres, au milieu duquel on a tracé les cercles concentriques qui constituent la cible proprement dite.

Au point de vue de l'instruction, cette disposition est excellente. parce qu'elle permet de signaler presque tous les coups. Elle présente cependant un inconvénient.

Le noir étant tracé sur la ligne de jonction des deux cibles formant le panneau, beaucoup de balles viennent frapper les montants juxtaposés. Les éclats qui se forment sur l'un des cadres ricochent sur l'autre, déchirent la toile et le papier, et reviennent quelquefois en arrière dans la figure des marqueurs. Ces ricochets ne présentent aucun danger sérieux, si les hommes employés dans les tranchées ont des lunettes de cantonnier réglementaires; mais la détérioration des cibles est d'autant plus rapide que le tir est plus juste. On diminue l'inconvénient, dans une certaine mesure, en laissant un intervalle de 3 ou 4 centimètres entre les deux cibles. Pour le faire disparaître dans la mesure du possible, on a adopté une cible ronde composée d'un cercle de fer biscauté monté sur deux pieds.

L'expérience a démontré qu'en donnant une section suffisante à la barre de fer employée, on n'aurait plus besoin de traverses. Dans une cible de ce genre, les coups touchant le cadre sont rares, ce qui laisse à l'attache de la toile une grande durée. Si on a la précaution de réparer de temps en temps la partie centrale, en appliquant du papier sur les deux faces, la cible prend la consistance d'un carton épais, et devient d'autant meilleure qu'elle a fait un plus long service.

Ainsi, la cible ronde de $0^m,75$ de rayon récemment adoptée ne renvoie pas des débris de plomb vers les marqueurs, et elle est fort avantageuse au point de vue de l'entretien du matériel, c'est-à-dire au point de vue économique; mais le panneau de 2 mètres avec cercles concentriques est préférable au point de vue de l'instruction.

Cible de 1000 *mètres.* — Avec des panneaux dont la hauteur ne peut dépasser 2 mètres, il est impossible de reproduire aux grandes distances des dispositions analogues à celles que l'on emploie à courte portée.

En effet, toutes proportions gardées, le noir qui a $0^m,30$ à 200 mètres devrait avoir $1^m,50$ à 1,000 mètres; le diamètre de la circonférence limitant les 4, aurait 3 mètres, et la cible entière mesurerait $7^m,50$ au minimum dans les deux sens; et encore doit-on observer qu'en raison de la déperdition de la justesse, il est bien plus difficile d'atteindre un cercle de $1^m,50$ à 1,000 mètres qu'un rond de $0^m,30$ à 200 mètres.

En reportant des cercles simplement proportionnels aux distances sur la surface dont on peut disposer pour le tir à 1,000 mètres, on voit qu'on ne pourrait recueillir que les 5, la plupart des 4 et quelques rares 3.

On ne pouvait pas songer à adopter un noir circulaire occupant les 3/4 de la hauteur de la cible, et à tracer les 2 portions de cercle limitant les 4; on a préféré prendre un noir rectangulaire semblable au panneau, limiter le nombre de zones à 2 et attribuer les valeurs 1 et 2 aux coups touchant la cible et le noir.

La surface restreinte du panneau a ramené forcément au relevé par balles mises, en conservant le principe du relevé par points;

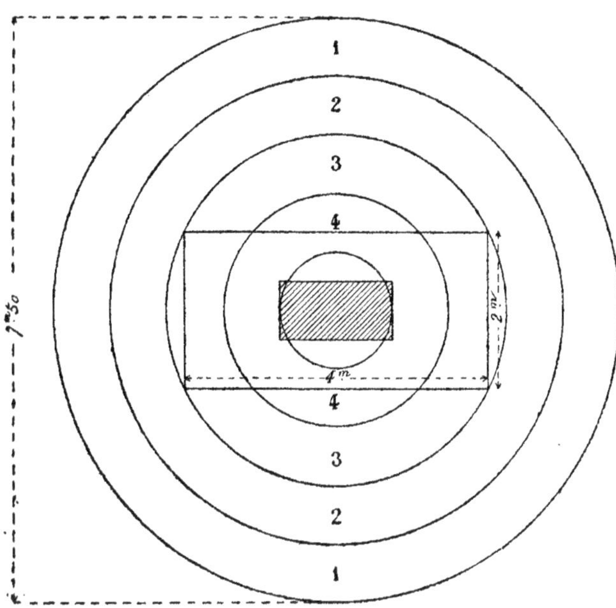

Figure 2.

car la valeur 2 attribuée aux coups mis dans le noir n'augmente guère que de 1/10 le 0/0 des balles mises.

Cible de 400 *et de* 600 *mètres.* — Quant à la cible de 400 et de 600 mètres, elle eût pu, à la rigueur, être divisée en 3 zones; on a préféré décompter la valeur des coups comme aux grandes distances, pour n'avoir que deux procédés de notation.

Le noir, carré comme la cible, a une dimension de 1/2 mètre, grandeur choisie surtout en vue du tir de 400 mètres, le plus important des deux tirs à moyenne distance.

Cible de tirailleurs. — L'enseignement du tir demande l'emploi de grandes cibles portant un point de mire se détachant bien nettement sur le fond.

Les buts sur lesquels on doit tirer à la guerre, surtout aux petites distances, sont, au contraire, très-restreints et difficiles à distinguer; ce sont des hommes isolés qui se dissimulent de leur mieux, en profitant de tous les accidents du terrain sur lequel ils se meuvent ou ont pris position.

Pour simuler les tirs de guerre dans la mesure du possible, il faut donc employer des cibles de petite dimension, d'une couleur grisâtre, sans noir, c'est-à-dire ne tranchant pas sur le fond du tableau et ne faisant pas ressortir un point voyant.

Si une pareille cible est placée à une distance réellement inconnue, elle reproduira, autant qu'on peut le faire, les difficultés du tir de guerre sur des tirailleurs embusqués.

Le *Manuel* prescrit que les feux de tirailleurs (1re séance) seront exécutés sur des cibles de 0m,75 de haut sur 0m,50 de large, établies dans les conditions indiquées ci-dessus.

Les tirs de ce genre, où toutes les difficultés se trouvent réunies, constituent une partie essentielle de l'instruction du soldat. C'est un très-bon enseignement, s'il est donné lorsque l'instruction des tireurs a été menée à bien. Débuter par là, ce serait dépenser en pure perte son temps et ses munitions. On ne commence pas l'instruction du cavalier par la voltige.

Telles sont les considérations (nous ne dirons pas les principes) d'après lesquelles on a fixé la forme et les dimensions des cibles.

Les dispositions adoptées par la commission ne sont pas indiscutables, nous le répétons, mais elles en valent bien d'autres, celles de M. de Podio, par exemple. Le remplacement des cercles par des rectangles dans la cible des petites distances est certainement admissible, mais il n'est pas assez fortement motivé pour nécessiter une modification nouvelle dans la méthode d'instruction.

Lorsque les changements sont inutiles, ils sont nuisibles.

§ 5. — *De la constatation des résultats d'appréciation des distances.*

M. de Podio trouve que la méthode du *Manuel* est « longue, « vague, minutieuse, et ne laisse en mémoire rien de pratique ni « de précis. »

Si par minutieuse, M. de Podio entend que tous les détails d'exécution sont prévus et réglementés, il a raison, et sa méthode ne mérite certes pas le même reproche; ce n'est qu'à la seconde lecture que nous en avons trouvé la clef.

D'après le *Manuel*, l'appréciation d'une distance n'est pas formulée numériquement; elle se traduit immédiatement par le choix de la hausse qu'il faudrait employer pour tirer à la distance estimée. Pour que le sous-officier chargé des inscriptions lise sans hésitation l'estimation de chacun, en regardant simplement le placement de la planche de hausse et du curseur, ces estimations ne varient que de 50 en 50 mètres; c'est-à-dire que le curseur doit être placé sur une graduation de la planche ou vers le milieu de l'intervalle qui sépare deux traits : auquel cas, la distance estimée est toujours réputée égale à la distance correspondant au trait inférieur augmentée de 50 mètres. Ainsi, si le curseur est placé entre le trait 6 et le trait 7, la distance qu'on a voulu exprimer est 650 mètres.

Cette manière de faire simplifie beaucoup les opérations, et a, de plus, l'avantage de familiariser avec la vraie méthode à employer à la guerre. Devant l'ennemi, la première estimation doit être un nombre rond, sauf à rectifier la hausse quand on a pu observer son tir.

Ainsi, on ne prendra pas au début la hausse de 837 mètres, par exemple. Une pareille prétention d'exactitude ne viendra jamais à l'esprit d'un vrai praticien; il essaiera la hausse de 800 ou la hausse de 850, et s'il arrive à prendre la hausse de 837 mètres, par exemple, ce sera par suite de rectifications successives motivées par l'observation des coups.

M. de Podio veut qu'on précise davantage les estimations, qu'on dise, par exemple, « 425 mètres. » Il faut alors que les appréciations soient formulées numériquement et verbalement, que chaque soldat sortant du rang vienne murmurer son estimation à l'oreille du sergent, « afin que l'opinion des derniers hommes interrogés ne soit « pas influencée par celle des premiers. »

C'est retomber dans les anciens errements dont M. de Podio devrait se rappeler les longueurs et les inconvénients.

Le *Manuel* prescrit d'attribuer à chaque estimation une valeur décomptée par points comme les balles mises dans la cible.

On donne 2 points à ceux qui ont pris une hausse réputée bonne pour toucher de plein fouet; 1 point à ceux qui ont pris une hausse donnant certaines chances de toucher par ricochet, et 0 à tous les autres. Enfin, on donne 2 points à ceux qui ont estimé avec raison que le but était hors de portée; cette dernière disposition ayant pour objet d'enseigner au soldat qu'il ne doit pas tirer au delà des limites de la portée de la hausse.

En somme, les procédés d'instruction du *Manuel* ont tous un but pratique, malgré l'opinion de M. de Podio. Ils éveillent et entretiennent dans l'esprit du soldat l'idée de se poser les deux questions suivantes en présence de l'ennemi :

1° Le but est-il à portée ?

2° Dans le cas de l'affirmative, quelle hausse faut-il prendre pour tirer?

§ 6. — *Du classement.*

D'après le *Manuel*, le rapport du nombre de points obtenus au nombre d'appréciations faites, constitue pour chaque homme la note moyenne de la séance ou la note définitive méritée pour les exercices de l'année. Ainsi $\frac{74}{93}$ signifie qu'on a obtenu 74 points sur 93 estimations.

Les notes annuelles récapitulatives sont réduites à un même dénominateur 100, pour la facilité de la comparaison et la possibilité du classement.

M. de Podio ne trouve pas le procédé assez précis; il veut que la note finale soit rigoureusement proportionnelle à la somme des erreurs commises, et, pour cela, il veut que l'on prenne comme base de classement le rapport de la somme des distances appréciées à la somme des distances mesurées.

Et d'abord, ce moyen ne peut donner la précision que recherche M. de Podio; car on peut faire des erreurs énormes à chaque appréciation, et arriver à un rapport faisant croire à une grande exactitude.

Supposons, par exemple, qu'à la huitième séance, le soldat X... ait successivement apprécié les distances ci-après :

APPRÉCIATIONS.	DISTANCES		ERREURS COMMISES	
	Mesurées.	Appréciées.	En plus.	En moins.
1re appréciation	800	423	»	377
2e id.	800	1137	337	»
3e id.	800	1316	516	»
4e id.	800	329	»	471
5e id.	800	1274	474	»
6e id.	800	321	»	479
	4800	4800	1327	1327
Somme arithmétique des erreurs			2654	
Moyenne erreur par appréciation			442,3	
Somme algébrique des erreurs			± 0	
Moyenne des erreurs résultant de cette somme			± 0	
Rapport devant servir de base au classement			$\frac{4800}{4800}$.	

M. de Podio fait, sans y prendre garde, la somme algébrique des erreurs. En opérant de cette manière, on pourrait attribuer les meilleurs classements à ceux qui auraient commis les plus graves erreurs.

Ainsi, le rapport $\frac{4800}{4800}$ provenant de l'exemple précédent, assurerait certainement le nº 1 au soldat X... qui aurait commis une erreur moyenne de 442 mètres, par appréciation, sur une distance de 800 mètres. Cette méprise n'est pas encore ce qu'on trouve de plus extraordinaire dans la méthode de M. de Podio.

La note moyenne annuelle déduite de la notation par points prescrite par le *Manuel* peut s'établir quels que soient le nombre des appréciations faites et les distances où l'on a opéré, mais cette note n'est valable pour l'admission à la 1re classe que si le nombre des appréciations est au moins égal à 50; on s'est placé dans les conditions de la pratique, car tout le monde sait que pour des causes nombreuses et variées, il y a toujours des absents à chacune des séances, et que, par suite, le nombre des appréciations et les conditions dans lesquelles elles ont été faites sont forcément différentes pour les hommes d'une même compagnie.

L'application de la méthode de M. du Puy de Podio exige, au contraire, que le nombre des appréciations soit le même pour tout le monde, et que, de plus, la somme des distances mesurées soit identique pour tous les hommes à classer.

En ce qui concerne le nombre d'appréciations, la difficulté n'est pas grande; il suffit de le fixer d'une manière invariable. M. de Podio en fait 60, qu'il divise en 10 séries de 6; c'est-à-dire qu'il y aura 10 séances et que chaque séance comportera 6 appréciations.

On pourrait, à la rigueur, discuter l'opportunité de fixer le maximum des appréciations à faire dans une année; mais il est inutile de soulever cette question.

La véritable difficulté consistait à avoir à la fin des exercices la même somme de distances mesurées. Pour y arriver, et c'est là qu'on trouve l'originalité de la méthode, M. de Podio détermine d'avance les distances à apprécier; il prend pour base les 10 distances réglementaires de tir : chacune d'elles sera l'objet de 6 appréciations consécutives.

Ainsi, à la 1re séance, on appréciera 6 fois de suite la distance de 100 mètres. A la 2e, 6 fois la distance de 150 mètres, ainsi de suite.

Ceux qui seraient tentés de penser que ce qui précède est une plaisanterie de notre part n'ont qu'à se reporter au travail de M. de Podio (page 267); ils y trouveront, en outre, que cette distance parfaitement déterminée, qui sert de base aux six opérations de la séance, doit être rigoureusement mesurée après que chaque homme aura donné sa moyenne d'appréciation.

M. de Podio n'a donc pas vu que sa méthode exige la mesure avant l'observation, puisqu'il faut placer l'objet observé à une distance bien déterminée.

Admettons cependant que l'on trouve des hommes assez naïfs pour ne pas s'apercevoir qu'on leur fait apprécier 6 fois de suite une distance dont ils pouvaient connaître la valeur exacte avant de partir pour l'exercice.

Supposons qu'ils apprécient consciencieusement; il faudra prendre note de toutes les évaluations faites, il faudra donc une situation par séance (exactement comme le prescrit le *Manuel*). On peut changer le nom, le format, le modèle, mais il faut faire des inscriptions quelque part.

De plus, si l'on veut, à la fin de l'année, établir la somme des 60 appréciations, il faudra conserver les résultats de chacune des séances. De là, la nécessité d'un contrôle annuel. On peut encore changer le nom, mais non la chose.

Si M. de Podio était entré dans les détails d'exécution, il eût reconnu que sa méthode comportait, elle aussi, l'emploi d'une situation par séance et d'un contrôle par année.

La simplification qu'il croit avoir trouvée ne peut donc résider que dans la facilité des opérations récapitulatives.

Or, le *Manuel* prescrit d'additionner des points, c'est-à-dire des nombres forts petits, tandis que M. de Podio aura à additionner des distances, c'est-à-dire des nombres de 3 et 4 chiffres.

De quel côté est la simplicité ?

Remarquons, en dernier lieu, qu'en additionnant des nombres de 3 et 4 chiffres placés sur une ligne horizontale on court le risque de faire des erreurs. M. de Podio a tenu à en donner la preuve, car il trouve (page 263, lignes 22 et 23) :

$$600 + 900 + 1{,}200 + 1{,}500 + 1{,}800 = 19{,}500,$$

tandis qu'en réalité la somme est 6,000 (un peu moins du tiers).

Aux premières lignes du 6e paragraphe, nous avons cru qu'après une observation fondée, nous allions trouver enfin un renseignement utile et une proposition acceptable.

Le *Manuel* ne fixe pas les bases du classement à faire à la suite des exercices de l'appréciation des distances. De l'avis de la commission, ces bases ne pourront être établies que lorsque la méthode aura été appliquée pendant deux ou trois ans.

M. de Podio déplore ces retards et annonce qu'il va donner pour son compte les bases de deux classements, alors que le *Manuel* n'a pu donner ces bases pour un seul. Mais encore ici M. de Podio ne tient pas même la moitié de ce qu'il promet.

Il donne un moyen de classer les soldats entre eux (ni plus ni moins que la commission). Ce moyen est plus mauvais que celui du *Manuel;* voilà toute la différence.

M. de Podio n'a pas compris ce que le *Manuel* entend par *bases du classement;* le voici :

De même qu'on fixe le nombre de balles mises ou le nombre de points à obtenir pour qu'un tireur soit admis à la 1re, à la 2e ou à la 3e classe, de même on doit déterminer le nombre des points ou la note qu'il faut avoir pour être admis à la 1re classe, après les exercices de l'appréciation des distances. Ainsi, on doit pouvoir spécifier que tout homme qui aura obtenu la note $\frac{x}{100}$ sur une moyenne de 50 appréciations au minimum, sera admis à la 1re classe.

Si M. de Podio avait déterminé la valeur de cette inconnue, il eût rendu un véritable service à l'instruction ; mais il n'a pas compris quelle était la lacune à combler. Il s'est donné beaucoup de mal pour laisser les choses en l'état. Il faut donc attendre que l'expérience ait fourni les éléments nécessaires pour établir les bases du classement de l'appréciation des distances.

En résumé :

L'hérésie arithmétique que signale M. de Podio dans le 1er paragraphe de ses observations n'existe que dans son imagination.

La distinction qu'il établit entre le pour cent par balles et le pour cent par points nous paraît insaisissable.

La proposition d'apprécier les tirs individuels par la combinaison du pour cent par balles et du pour cent par points a été discutée par la commission et rejetée par elle, en raison de la complication d'enregistrement qui en eût été la conséquence.

Les considérations présentées par M. de Podio sur la vitesse du tir (paragraphe 2) prouvent que cet officier a interprété le mot *vitesse* dans le sens de *précipitation*, et qu'il n'a pas compris pourquoi la commission avait basé l'appréciation des feux d'ensemble sur la triple considération de la justesse, de la vitesse et de l'effet utile du tir.

L'application malheureuse que M. de Podio a faite de la formule algébrique

$$V = \frac{c}{h.\,t.}$$

(paragraphe 3) fait ressortir la raison d'être et la supériorité des règles données par le *Manuel* pour calculer la vitesse et l'effet utile.

C'est M. de Podio qui a fourni lui-même les arguments à opposer à sa proposition.

M. de Podio pense (paragraphe 4) que la cible ronde de 1m,50 de diamètre employée aux petites distances devrait être remplacée par une cible rectangulaire de 2 mètres de haut sur 1m,50 de large, portant 5 zones rectangulaires au lieu des 5 zones circulaires actuellement réglementaires. Cette disposition serait certainement acceptable si la décision était à prendre ; mais elle ne constitue pas une amélioration démontrée, et comme on fabrique actuellement une cible ronde très-avantageuse au point de vue de la construction et de l'entretien du matériel, il n'y a pas lieu d'adopter la seule proposition admissible de M. de Podio.

La méthode proposée par cet officier pour la constatation des résultats d'appréciation des distances (paragraphe 5) ne contient que des illusions, des erreurs et des inconséquences.

M. de Podio fait faire l'appréciation de *distances inconnues*, à des *distances connues*, c'est-à-dire qu'il supprime l'appréciation pour ne faire que des observations.

Les opérations de sa méthode sont cependant plus longues que celles prescrites par le *Manuel ;* les inscriptions à faire sur le terrain, les récapitulations devant servir de bases aux classements, sont plus compliquées et plus difficiles.

Enfin, M. de Podio, qui veut baser le classement sur la somme arithmétique de toutes les erreurs commises dans l'année, fait, sans y prendre garde, la somme algébrique de ces erreurs, et arrive, sans s'en apercevoir, à des résultats étonnants.

Dans le 6e et dernier paragraphe, M. de Podio déplore et se propose de combler une lacune que le *Manuel* signale lui-même ; mais le vide subsiste encore, malgré son travail.

En faisant connaître à ses lecteurs qu'il avait été attaché pendant « plus de seize années de sa carrière à l'enseignement du tir, soit « dans un bataillon de chasseurs à pied, soit dans un régiment de « voltigeurs de l'ex-garde impériale », M. de Podio a voulu donner du poids à ses critiques et à ses propositions.

Nous avons cherché, pour notre compte, à réduire les unes et les autres à leur véritable valeur, dans le but de consolider ce qu'elles tendaient à ébranler.

M. de Podio proteste cependant de son respect pour le règlement, auquel il ne veut pas « porter la moindre atteinte » ; il espère « avec une ferme conviction, qu'on ne trouvera dans son opuscule « d'autre mobile que d'avoir cherché à se rendre utile au progrès « de l'instruction pratique du tir. »

Nous ne suspectons pas les excellentes intentions de M. de Podio, mais nous croyons pouvoir faire remarquer qu'en attaquant aussi vivement et aussi longuement un règlement en vigueur, il a été à l'encontre de ses intentions. Pour se rendre vraiment utile au progrès de l'instruction pratique du tir, il aurait dû se pénétrer de l'esprit du *Manuel*, et s'attacher à faire ressortir la raison d'être des prescriptions qu'il contient.

Heureusement que les critiques qu'il a formulées, après une étude trop superficielle, ne peuvent amoindrir l'autorité du nouveau règlement.

J. Capdevielle,
Lieutenant-colonel.

Paris. — Imprimerie de J. Dumaine, rue Christine, 2.

www.ingramcontent.com/pod-product-compliance
Ingram Content Group UK Ltd.
Pitfield, Milton Keynes, MK11 3LW, UK
UKHW020226180726
13838UKWH00005B/2217

9 782329 395883